杜老师的系统经营

詹文明 著

人民东方出版传媒
東方出版社

导读

"系统观"能够塑造成功的"经营"/1
自由的本质在于勇于负责/11
"自由"同"系统观"有关联吗？/27
管理的三项功能/39
创新乃是社会运作的基本法则/51
目标是objective，不是goal/61
饭后走一走，活到九十九/85
高效率的秘诀/99
做对的事比把事做对重要/109
让顾客"消费成性"的关键/137
时间不用管理/157
最该做的一件事/169
创造顾客远胜创造利润/185

无反对意见不做决策 /193
组织运作不能只依赖天才 /211

自序

彼得·德鲁克将“管理学”视为“系统的无知”，意即表明管理学只是系统的一个开始，还有很多有待努力的地方。

管理学不仅强调“以个人为管理的核心”，同时也将焦点集中于经理人的所作所为以及所成就的事，且不忘把人与工作整合在一起。其管理学可分为两个向度：一是问题解决的向度，以“系统观”为基础；二是以时间为向度，也就是以“动态观”为基础。

德鲁克的最终愿景即要建构一个“自由而有动能的社会”，基于此，必须要能满足两个前提：①必须赋予个别成员社会地位与功能；②决定性的权力必须具有正当性（即合法性）。其中自由的定义乃是“负责的选择”（responsible choice），这其中必有两个特点：①强调要面对决策（即内在责任）；②作为群体的一分子，也必须对群体所作的决策和行动负责（即外在责任），宛如自己所作的决策一样。

管理要能符合正当性或合法化，必须集中在它的绩效表现上，越专注于绩效与成果就越趋向于合法性。为此，个人的社会地位与功能必须来自于“工作”本身，必须从整体的角度看待自己的工作，在发挥所长的同时，也对组织和个人的绩效负责。

事实上，德鲁克所主张的是“有目的的开放动态系统观”，因而也务必以系统对应之，即“系统的经营”，也就是所谓的“管理学”的经营模式。管理学是一种文化以及价值的系统，同时也是一种方法，通过此方法可以使社会本身的价值与信念具有生产力。更甚者，管理学可视为一座沟通全世界文明的桥梁，变成一个真正的“世界经济制度”。

詹文明

2013 年于台北

“系统观”能够塑造成功的“经营”

“经营”大都来自哲学，但有效的成功经营却都出自于“系统”。
“系统”既是共同的价值观，更是一套“有目的、有条理、有 系统”的经营模式。

"系统"是一项生产力，也是一种文化。
更是一套"明确、简单、清晰、具体"可操作的经营哲学。
有问题的知识员工与组织都是由于系统出状况，解决之道在于重建系统，尤其是有效的"系统经营"。

963 数字化科技集团
963 数字化科技集团，号称实力雄厚，产品行销全球。
杜老师：
开明而务实，保守又创新，世界级 CEO 咨询顾问，充满智慧的经营管理权威。
了了：
了尾的唯一下属，身高两米零八，人高马大，身怀绝技。获得美国西北大学消费者行为学博士学位。
了尾：
了然的下属，取得美国哈佛大学 MBA 学位。但与了然难以沟通，关系一直紧张。
了然：
“963 数字化科技集团”亚洲区总裁。素有“推销高手”的美誉，业务的实战经验十分丰富。但是与下属员工关系十分紧张。

“经营先生”依约到来，上午九点现身于该集团的总部门前，了然等三人已等候接待，兴奋之情全写在脸庞，期待着“一天智慧飨宴”的到来。

老师，敢问您的经营有何特点呢？
什么叫作“特点”呢？
能解决问题的。
能带来高附加值的。
应该是有独到之处才对。

系统观
你们说的是，可关键在于“系统观”。
为何“系统观”是特点呢？
任何东西的存在都应该以“系统的概念”视之。
不明白……
不明白……
不明白……
不明白……

就像人之所以存在必须以其社会来界定之。
为什么呢?
人不能单单只为了个人生存而存在，而是……
而是必须以社会为考量。

也就是说要以社会环境来定义之。
社会环境
社会责任
换言之，便是要承担“社会责任”了。
说得好，这是系统的互动关系。
哦，我懂了，这是人之所以存在的理由了。
为此，每个人都必须对公司的绩效负责！

但是每个人都是自由的个体呀。
虽然如此，可是每个人都必须面对选择啊。
A
B
C
D
E
因为我们是以作决定来走人生的路。
YES or NO
为此，我们要为自己的决定负责。

自由的本质在于勇于负责

也要为群体的决定负责吗?
那是领导者的责任，跟我无关。
对啊，本来就是领导者要负起成败责任。
难道说，群体就不包括自己吗?
棒极了，只是责任的程度不同而已。

哦，就是承担社
会责任的意思。
为了善尽自己的责任，必
须勇于表达自己的见解。
有概念，不能让自
己的权利睡着了。
权利

因此每个人要从组织全体的角度来看自己的工作。

发挥所长、贡献所能，便是负责的表现了。

所以，真正的自由，其本质在于勇于负责。

那么如何让人人
既自由又能愿意
负责呢?
“自由”乃是一种
负责任的选择。
拥有愈负责的态度,
就愈能享有自由。

简言之，自由是一项权利，更是责任。
既然如此，负责任又代表着什么呢？
责任
我的理解是每个人要对自己所选择的“绩效”负责。
若是公司给予的责任呢？
自己也可以选择呀！

违抗上级的命令又该如何处置呢?
NO
NO
若不是自己最擅长的工作，应当可以婉拒。
假如自己很感兴趣呢?
这是不负责任的行为，我赞同予以婉拒。

如此一来，是否会失去上级的信任呢？
有此可能，甚至于会陷入“忠诚危机”。
那么就走人啊，此处不留爷，自有留爷处。
可是事情并没有解决呀！

忠诚度是双向的
信任度也是互动的
忠诚
信任
所以必须寻求解决之道。
不能意气用事，也不能一走了之。
这是不负责任的具体表现！

“除非有决定与责任的存在，否则就没有自由可言”。
自由！
身为上司也要有气度与责任。
更何况没人能拥有绝对的权利。
正如没有人能拥有绝对的真理一样。

为此，上司必须为
属下的绩效负责。

属下也须为上司
的绩效表现负责。

轰隆隆！！！
因为一旦不负责
任，任何组织都
必然走向崩溃。
轰隆隆！！！

追求良善是人人应尽的本分。
所以，自由才有存在的必要。
但自由也不是滥自由、放纵式的自由。
可是自由也是不可剥夺的！

因此，负责任的自由才是真自由。
但是自由也需要
仰赖道德决定吗？
“自由”必须建立
在道德的勇气与共
同的愿景之上。
道德
勇气
愿景

难怪有人会倡言：“不自由，毋宁死。”
所谓：“没有人类意志，就没有选择；没有选择就没有自由可言。”
为此，自由也是一种道德价值和实践的勇气。

你们说的是，自由是一种原则，它是不变的。
原则
自由的原则是无法被取代的。
这是老师经营哲学思想的特色之一吗？
你要这么说也行。

“自由”同“系统观”有关联吗？

老师，自由的原则与系统观又有什么关联性呢？
问得好！
自由的定义是个人都必须面对选择。

换言之，必须
对自己与群体
的决策负责。
好记性。
很好，功能健全
的社会必须满足
两项要件。

其一呢?
社会中的成员必须有地位和功能。
能让知识员工在工作中满足其社会地位和功能的需求。
一针见血!

满足之后呢?
最终要解决什么问题呢?
使人人获得机会平等与自我尊严。

这就是尊重员工的精髓所在吗?
没错，这就是自由的真谛。

其二呢?
决定性的权利必须具合法性!
亦即组织本身、知识员工及经理人都是权利中心。
你说的是。

权利的合法化应
以其功能和绩效
为基准。
孺子可教也。

它的权利与责任都必须根据绩效和成果来定义。
绩效
成果

哦，我懂了，有了地位和功能便能展现工作上的成就与自我实现。

应该是透过“贡献”找到自我的社会地位和功能。

棒极了，有了贡献就能体现出社会的个人价值和尊严。
哦，我明白了，最终要解决的是顾客的问题和需求。
是的，经营要合法化必须集中于绩效和成果上。
换言之，愈专注于绩效成果，愈趋向于合法性。

系统方式主张由超
系统或环境来定义
系统的目标。
亦即问题的定义
必须由环境或超
系统界定之。
也就是以全局观视之。

可是环境和超系统以及组织内部都是动态的。
这正是自由和系统的动态观。
当个人与组织作重大决策时，必须考量动态的系统观。
社会
组织
管理
为此，组织是社会的器官，而管理则是组织的器官。

管理的三项功能

器官的功能和性质必须由其“贡献”定义之。
贡献
亦即管理对组织的贡献，组织又对社会的贡献。
管理具有三项功能。

第一项功能呢?
963 数字化科技集团
管理企业，是以公司整体之经济绩效为中心。

第二项呢?
管理经理人，是以目标管理与自我控制为诉求。

第三项功能呢？
管理工作及知识员工，则强调以知识员工为资源，使其自主管理及发挥所长。

目标设定乃是为了控制属下，操控员工。
这是对目标的误用，也是不道德的行为。
1000 t
目标管理是将绩效结果的讯息反馈给属下。
以利其自行控制、改善、提升。

使自由的原则落实于自身的管理上。

就企业而言，分权化的结构是以自由的理念、明确的绩效衡量，以利自我控制。

就系统来说，由个人、组织到环境的需求，整合成一个系统，予以满足。

透过管理将自由的理想得以落实，建构系统使其变得可操作。

究竟“系统”是什么？
将复杂的东西极简化，使之成为“系统”。

难怪“系统”具有生产性。
很有概念，系统是生产力。

老师，经营哲学思想的特色之二是系统观吗?
应是“有目的的开放动态系统”。
怎么理解呢?
宇宙是由许多有目的的全体——有目的的系统所构成。

就像蝴蝶效应一样吗?
不仅局限于地球上的互动关系，而是宇宙之间的交流。
具有洞见，很受激励。

它在追求目的之同时与其环境互动，而且是开放式的。

由于决策着眼于未来，为此，创新成为主角。
创新
创新是将“改变”视为有目的的活动。

创新乃是社会运作的基本法则

"创新"能被管理吗？
有目的
有条理
有系统
透过"有目的、有条理、有系统"来管理创新的工作。

“不创新，就等死”。
但“创新，就不死”吗？
创新不会等死，且能延续组织生命。

世界倍变，
唯赖创新。
以自由而有纪律的
创新，且以系统方
法找寻创新的机会。
有见地，能将创新视为
组织运作的法则和秩序。
创新

这个世界的秩序就是创新，也是变革。
好领悟，创新乃是社会运作的基本法则。
宇宙的秩序是创新而非循着固定的因果律来运作。
棒极了。我们必须建立有创新的组织。

这种经营哲学思想会不会有东西方文化之不同呢？
West
East

核心思想是以人性为出发点，以人为依归。

为此，自由和系统观是结成一体的。
因而目标管理与自我控制的管理哲学是一铁证。
创新的概念实际包含了系统观和自由的理念。
所以，“创新”事实上是您经营哲学思想的第三特色。

自由
系统观
创新
“自由、系统观与创新”已成为管理哲学思想的三大支柱。

这是任何组织都必备的三项要素。
自由
创新
系统观
能符合这样的组织才是优质的组织。
GE 前 CEO 杰克・韦尔奇就是落实这三部曲的。
GE

目标是 objective，不是 goal

如何办到呢？
是否就是以“目标管理与自我控制”予以实现？
你说的是，只是目标有很大的不同。

“目标”就是营业额，就是利润多少啊！
963数位化科技集团
“目标”是全球五百强！
“目标”是成为世界知名品牌！
963

?
?
虽没有错，却容易误导。
?
大伙儿都是这么做。
我们集团也是。

我们的目标是 objective，
不是 goal。
Objective
Goal
哦，我懂了，是
指挥官，非山头。
孺子可教也。

该瞄准的是指挥官，
而不只是山头。
锁住主顾客，开
发潜在顾客。

“经营企业唯一正确而有效的定义”是什么?
“创造顾客”。
好记性，确实如此。
否则，便是在水中写字罢了。

所以，不少公司高起高落，甚至还来不及记住公司名字就……

目标管理
自我控制
“创造顾客”唯有透过目标管理与自我控制才能做到。

从公司的定位、产品到客户的定位做起。
为此，目标管理与自我控制才是管理的原则。
能让追求共同福祉成为每位经理人的目标。
这是符合“自由、系统与创新”的哲学观。
自由
系统
创新
极有系统的概念。

如此才能落实人人
自我控制之可能。
“自我控制”意味着
更大更强的动机。
你们说的是。

以更严格、更精准及更有效的
内部控制予以发挥自己的长才。

且取代外部的控制或操控。
等于让人人当家做主。
可是实际的情形并非这样呀。
我们要大胆假设人人都喜爱表现为前提。

有时要靠命令或说服才能成事。
根本就是听不进别人的意见，我行我素。
哼！
其实是个性使然，强势作为。
少了顾客，却多了意气之争。

应专注于任务，
而不只是听命
行事。
任务
任务
任务
任务
任务
察纳雅言，
自我尊重。
而且是决定自
己必须这么做。
是以“自由人”的
身份采取行动。

为何目标管理与自我控制被称为“管理哲学”呢?
它合乎人性与需求、机会和发展之道。
它可实现自我价值和自我尊严。

能解决人类与社会的和谐之道。
更有效地体现有关人类行动与动机的满足。

目标管理与自我控制将组织的客观需求转变为个人的目标。

方能确保经营绩效。
这里所说的个人目标指的是什么？
不会是顾客吧！

个人目标指的是“顾客是谁？顾客应该是谁？”
顾客是谁？
顾客应该是谁？
再转化成可量化的业绩目标吗？
“业绩只是一堆做对做好的可能结果。”
这是我听过最棒、最准确的“目标”诠释。

盲目的目标我却也做了半辈子，还好有下半辈子。
我很幸运知道了目标为何物。
明确、简单、清晰、具体可操作的“目标顾客”才是上策。
帅呆了！
帅呆了！
帅呆了！

公司的目标：
顾客是谁？
应该是谁？
公司的目标：顾客是谁？应该是谁？实在棒极了。
难怪自我控制才是最强大的动机。
昨日、今日与明日的顾客是谁？应该是谁？
昨日
今日
明日
顾客是谁？
只要能不断地自我追问、自我理顺，必有收获。

目标管理与自我控制也适用于知识员工。
因为每位知识员工都是自己职业生涯中的 CEO。
孺子可教也。

目标管理与自我控制可称为真正的哲学吗?
它既有系统的哲学思想，又有可操作的方法论。
且代表着真正的自由，合法的自由。

还要随着外在环境的变迁而改变。
应该要自我不断地创新，而不是只适应环境。
帅呆了。以创新来创造明日的顾客。

饭后走一走，活到九十九

好丰盛的飨宴，老师，我们一起共进午餐。
好！
时间过得真快呀。
老师请！
请！

老师，您都做
什么运动呢？
又如何养生呢？

古人说：“饭后走一走，
活到九十九。”

吃完饭就马上干活了，哪有空闲时间呢！
是呀，我是边吃边干活，连午休都省了。
我一定要午休十五分钟才行。
Z Z Z

走百步需要多少时间呢？
没有算过。
一分钟吧。
对哦，我怎么能没有一分钟呢？！

每餐后散步一分钟，就能活到近百岁，你心动吗？
我可以试试。
这个我要定了。
为什么是用走，而不是……

体重×1.5
因为用走的，脚承受的力是体重的1.5倍重。
我体重75公斤，1.5倍不就是一百多公斤了。
112.5kg
若是慢跑呢？
脚要承受体重的2～3倍重。
体重×3
150kg
225kg

跑步呢?
则是 7 倍以上了!
525kg
哇塞，我就要承受
525 公斤啦!

所以，走路和游泳
是最棒的运动方式。
可见处处皆惊奇，
样样都智慧。
学到极为珍贵
的一课。
看来自己需要多学
学、多思考。

学然后知不足
做然后知不果

学了并没有改变行为，自然不足。
做了也没有恒心毅力，当然不果。
很有领悟！
老师，我们一起来百步走，下午见。
下午见！

智慧的晚宴准时开始了……

高效率的秘诀

第一项是什么？
洞悉人性的本质！
这是对人性的洞察力。
这是对人的差异性与
本性能掌握精准。

你们在进行吹牛大赛？只是人有普遍性罢了。
什么是
普遍性
呢？
想要有所表现和被人尊重。

发挥人的长才乃是合乎人性的普遍需求。
因而受人重视，纵然是做错事也要被人尊重。
的确如此，尊重人或被人所尊重是同等的重要。
原来“尊重”两字有这么重要。

第二项呢?
对商业趋势质变的预测能力。
为何是质变呢?
而不是量变呢?
量变已是过时，关键
在于“质变”。

凭靠着什么作预测呢?
人口统计学和人口的重心才是最可靠的依据。
人口统计学
人口重心
除此之外呢?
我受过两门学科的严谨而专业的训练。

是什么？
“政治学和历史学”两学科。
政治学
历史学
包括中外吗？
当然是。

这就难怪能预测准确呀。
既融合“人性与人口”。
又能涵盖“政治和历史”。
当然对于认清现实也是不容忽视的。

的确了得。
如何连结呢？
“重点与系统”。
重点
系统

能掌握重点
就不费劲。
能建构系统
就有生产力。
有了重点和系统
可就无往不利呀。
不管个人或是组织都是。

做对的事比把事做对重要

七项心智系统

哪七项呢?
第一项是什么?
做对事比把事做对重要。

第二项?
我能对顾客贡献什么?

第三项?
时间不用管理。

第四项?
我现在最该做的一
件事是什么?

第五项?
创造顾客而不是创造利润。

第六项?
NO!
没有反对意见不作决策。
NO!
NO!
NO!

第七项心智系统又是什么？
组织不能只依赖天才来运作。

酷极了。七项重点连成一套做人做事的有效系统。
好像送给我们七把开金库的钥匙一样。
这七件事若能提早几年给我该有多好呢。

凡是只要能起步，都不算太迟。
有时太早，也未必就能珍惜善用。
早晚并不是重点，关键还是在于实践。
因为“实践乃是检验真理的唯一标准”。
实践出真理

成果则是实践判定的唯一真理。
高呀，一针见血。

“做对事比把事做对重要”，为什么？
道
理
就是“道理”两字。
不懂。

“道”就是做对事。
道
“理”便是把事做对。
理
更糊涂了。
“道”指方向选择、策略思维、取舍定夺、是非抉择。
是“想”的工作。

是制定使命、构建愿景、找对客户、切对核心技术。
制定使命
构建愿景
找对客户
切对核心技术
棒极了。
"理"指逻辑思维、理顺、理清、合理吗？
逻辑思维
理清
理顺
合理
言之成理。

找寻合适的方法、途径、通路与成本吗？
方法
途径
通路
成本
你说的是。
所以，做对事就是效能，把事做对便是效率吗？
效能
效率
即效能比效率重要。

“效能”是要以客观的成果来界定的。
不是以自己认为对的事、对的成果来判定。
而是以顾客所获得的实际成效为标准。
说的好。

亦即能否为顾客创造高附加值。
可是有时不太容易在短时间内看到成效呢！
就像研发一样。

我们最有感受呢！
十年、八年往往都看不到成效。
所以，有的公司就只做“设计”的部分，不愿做“研究”。

研究的部分就交给麻省理工学院或其他学术机构。
这是想把事做对而已。
可是投入大笔的研究预算又要养一大群难以驾驭的科学家，真是出力不讨好。
我们集团付出了极大的代价啊。

所以，你们就不做了吗？
今天不做，明天后悔。
不过，一家公司是要永续经营的，不能仅仅考量短期绩效。
话虽如此，也不能提早夭折呀。

要能在短期生存与长期发展之间取得平衡。
可是有时“把事做对”往往是关键。
没错，在同样做对事的前提下，比的是“执行力”。

对的事
既能做对的事又能把事做对才是卓越之道。
做对事
也就是找对的顾客要用适合他的方式。
透过彼此交流，迸出火花，实属难得。
这样的交谈受益很大。

如何透过“自问自答”也能习得呢?
站在服务对象的立场问自己，且试着回答。
就像日本企业家松下幸之助的做法一般。

唯有问对问题，才有可能有对的答案。
如何拟定问题、设定问题、界定问题的确很重要。
“大量的思考、深度的思考、量力的思考。”

这是我最欠缺的。
我却是不该想的想太多了。
正中我要害，如今才认知到“思考”才是重要的工作。

培养自我的直觉力，包括自己的觉察。
问得愈明确、愈简单、愈清晰、愈具体就愈有效。
直觉力是不是就是洞察力呢？
你要这样说也行。

说穿了就是练就一身“做对事的能耐”吧。
做对事有如人的大脑，把事做对就像人的手脚。
所以，“有了心法，就不怕没方法”。
但最佳之道便是心法加方法了。

让顾客"消费成性"的关键

第二项“我能对顾客贡献什么”怎么来理解呢?
“顾客”的定义是什么?
首先从英文单词来理解“顾客”(customer)。
customer
?
不是客户或潜在顾客。

这个单词是由两个部分结合而成的：custom+er。
custom
+
er
哦，我懂了，就是一个习惯的人。
要能成为主顾客就需要让他们“消费成性”。
真传神呀。

“消费成性”可
不是那么简单呢！
先要自问自答：
“谁不是我们的
顾客？”
老年人、低收
入者不是我们
的顾客。
不识字者。
买不起我们的产品者。

关键在区分那些似是而非或似非而是的顾客。
哦，我明白了。就是食之无味、弃之可惜的顾客呀。
有悟性。

过去我们采行“经销制”时，就是明证。
经销制
经销制
我们用了一大堆“电话行销团队”，结果却不尽理想。
除此之外，我们的顾客有三类。
上班族、青少年、学生等族群。

发达地区、已开发
地区、开发中地区。
花钱者、购买者
及使用者三类。
都不是，是由内而外，
先是自己、周边的人
再到外面的顾客。
真神奇呀！
我喜爱极了。

把自己视为自己的顾客，可是第一遭。
要能对自己有所贡献，扩大视野。
更重要的是“解放我思想”。

贡献自己要自问：
“我的长处是什么？
发挥有多少？”
我对我的上司提供
了什么样的资讯以
协助其做对的决策？
我为属下提供了
什么样的工作环
境呢？

不对自己的升迁、利
益作考量，而是着眼
于有效的贡献。
至少在过去根本
就没想过。
事事有人做，
人人有贡献。
贡献改变思维、
贡献颠覆行为。

贡献包含了三项的绩效。

第一项绩效呢?

“直接的成果。”

找对人、做对事和对的贡献。
研发对的产品，深受顾客的热爱。
年成长 18% 的营业份额，毛利率提升 22%。
直接的成果就是“创造顾客、满足顾客”。

地图不清晰，又如何上路呢？
难怪要付出高昂的学费。
对自己的直接成果便是不可以一知半解。
很棒的反思反省。

第二项？
“价值的承诺与实现。”
直接成果是生存之所需，价值的承诺则是发展之必备。
尤其是培养“接班人选”的制度建立。
要能对顾客尽心尽力才是价值之所在。

维持现状就必不能在变动中的明天生存。
所以，要不断地创新和贯彻创业精神才是上策。
任何组织不论经营多久，都必须回到当初的宗旨。
就是“使命宣言”。

"使命"乃是组织唯一存在的背后理由。
哦，我终于明白了。

未来的人力发展
第三项则是“未来的人力发展”。
包括自己吗？
当然，自己是自己的第一个顾客呀。
我又给忘了，不好意思。

接班人制度的重要性，不光是 CEO。
说得对，发展人力首要在于“有效性”的提升。
不是人员的扩充，更不是组织的扩编。
每位知识员工必须在这三方面都要有绩效贡献才可。

这三者之间有
何关联呢?
会有轻重之分，要看知识
员工本人的长处与限制及
组织本身的需要而定。
每早必问：“我
究竟能对顾客贡
献什么？”
就会成为有效性
的心智系统了。

时间不用管理

第三项，“时间不用管理”为什么呢？
为什么我的时间总是不够用呢？
为何我的效果极其有限，哪里出了问题？

你们的问题不出
在时间的多寡呀！
那出在哪里呢？
出在自己的行为！

为此，时间不用管理，
该管理的是自己的行为。
孺子可教也。
我领悟了，时间是常数，人的行为才是变数。
棒呆了。的确，问题出在“时间的分配和善用”。

怎么做呢?
不是从任务或
规划开始。
那从何处着手呢?
从时间到底都花在
哪里着手。

我的效果有限不仅是能力问题，
而是花得不值得了。
为此，先要记录每天耗用时间的情况如何。
再调配自己的时间有效与否。
以系统化的自我检验且有效地管理时间。

很棒，可以用 A、B、C 作为代表。
分别是什么？
A 是代表有生产性的时间。

B 是代表既不是有生产性，也不是浪费的时间。
好极了，B 就是非生产性的时间。

C 可能是浪费
时间了。
经由系统性的时间
分析后，就会得出
总结。
该不会是
挫折感吧。
我们都是时间的消费者，
但其中绝大多数人却是
时间的浪费者。

哦，我懂了，管理好自己的有效行为才是关键。
消除浪费的活动时间，例如杂念，胡思加上乱想。
提高自己生产性时间的比重，才是自我发展之道。
记录加以分析后，予以时间的有效管理，最后集中一大批的时间持续做一件事，必有所成就。

记录
管理
集中
所以，善用时间的三部曲，一是记录，二是管理，三是集中。

逻辑清晰、条理分明。

最该做的一件事

第四项是："你现在最该做的一件事是什么？"
重点是"该做"两字。
"一件事"更为关键啊。
对自己来说，该做即是发挥自己的长才。

那么“一件事”则是重要而紧急的一件事。
将自己的长处专注于优先的工作项目上。
专注
即是“专注力”（Do one thing at a time）。

能做对做好一件事，
却没有用心做好它。
该是一种
罪恶。

对于不是自己长处的
工作，不做又不行。
那就尽量敬
而远之。

当长处和自己的核心价值观冲突时，怎么办？
价值观应该才是最终的检验标准。
更何况是“核心价值观”呢！
但是还要发挥所长。

为了核心价值观要丢掉自己的长才吗?
为此，找寻自己的第二个专长，越早越好。
为什么呢?
究竟为什么呢?
“人”是我的价值重心，而“钱”只是我的次要价值。
哦，我明白了。

神箭手不是因为弓箭好，
而是要“瞄得准”才是。

瞄准、对焦核心价值观，包括部门、公司在内。
对极了，像美国许多的非营利机构一样的卓越表现。

能成为企业的典范吗?
当然，是企业的经营典范。
其秘诀究竟为何呢?
四项秘诀值得学习。

第一呢?
“目标准确”。

我们集团应该做的
一件事是营业额。
……
错了，应该是创造
顾客、满足顾客。
你说的是。

第二呢?
“积极热情”。

见到顾客眼
睛会发亮。
由于专注而
充满热情。
主动协助、
分忧解劳。

第三，“绩效卓著”。
因为单纯化、简单化。
由于充满动能，散发能量。
绩效卓著，唾手可得。
你们说的准。

最后呢?
“高效能的董事会。”
为什么是高效能呢?
我们的董事会似乎功能不佳。

高效能的董事首先必须是“专业董事”。
应是一流人才的专任职。
其次，必须有充裕时间履行职务。
第三呢?
必须是独立董事，而不是橡皮图章。

创造顾客远胜创造利润

能执行独立董事的行使权力，超然客观。
难怪是企业的管理典范。
时刻自问：“我现在最该做的一件事是什么？”
第五项“创造顾客而不是创造利润”是为什么？
因为“利润不是原因，而是结果”。

那原因究竟是什么？
将事情做对做好才是真正的原因。
所以，利润只是一堆做对做好的必然结果。
经营企业唯一正确而有效的目的是："创造顾客。"
为此，真正的原因是"创造顾客"。
你说的是，顾客才是可兑现的支票。

顾客也是唯一的利润中心。
说得好，创造顾客靠的是“行销与创新”。
行销
创新
企业追求利润极大化是对的吗？
追求极大化的利润有害无益。
我不懂。

为赚钱可能不择手段，走上不归路。
也会为竞争对手制造机会，带来无穷后患。
更何况过度创造利润会扭曲企业经营的本质。
利润只是未来的成本。

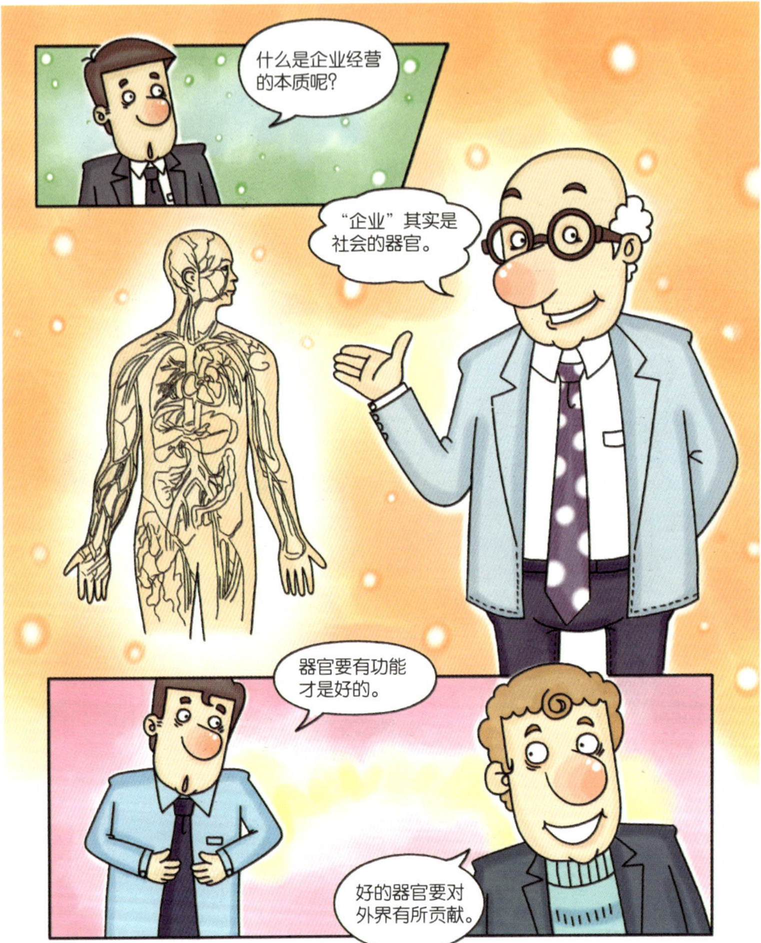
什么是企业经营
的本质呢？
“企业”其实是
社会的器官。
器官要有功能
才是好的。
好的器官要对
外界有所贡献。

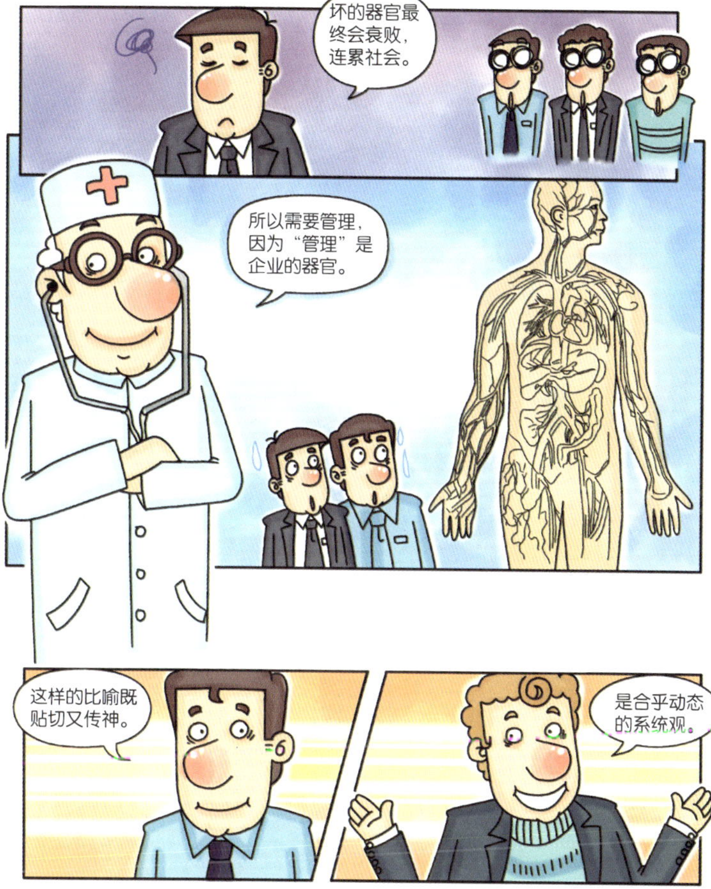
坏的器官最终会衰败，连累社会。
所以需要管理，因为“管理”是企业的器官。
这样的比喻既贴切又传神。
是合乎动态的系统观。

无反对意见不做决策

经营企业的本质乃是创业精神。
一语道破，实属不易。
第六项，为何“没有反对意见，就不做决策”呢？
反对意见，不是碰触到上司的敏感神经了吗？
一言堂的地方虽有短暂的欢笑，却是一场梦魇。
反对的举手……

反对意见是对上司的不信任行为。
你言重了。这是对事不对人，是角度不同。
老师，您说的对，我们是出于至诚，而不是捣蛋找茬。

所以，寻求反对意见便是多一层保险。
保险
哦，我理解，但还需要一段时间来适应。
理智上接受但情感上却作祟。

PRADO
丰田汽车碰上麻烦，丰田人总是自问五次“为什么”。
他们热爱问题，喜爱困难，这是为什么呢？
为求真相，遍寻机会已成丰田式的文化。
已成为丰田汽车独特而有效的决策模式。
TOYOTA
TOYOTA

TOYOTA
丰田人不存怀疑，只是不断质疑。
好一个“质疑态度”追求真相。
质疑态度
每一个知识员工都该有的求真精神。
求真精神

具有科学家的特质，值得仿效，可是现在呢？
不能持续极为可惜。
丰田召回事件！
没有反对意见，根本不该做决策，这是决策的第一条原则，切记。
切记！

可是又如何建立共识呢？
好问题，决策过程需要异议，但一旦决策确定就是共识的开始。
所以，为求共识决策难道不对吗？
要对的共识决策而不是一味地妥协，甚至错的妥协。

如何分辨对错呢？
透过公开、透明、坦承的理性交流和激辩才能形成共识。
01
02
质疑
透过质疑、辩证、论述，让真理越辩越明才是。
辩证
论述

最后决定是不是
举手表决呢?
这种做法是极不
负责任的行为。
……
……
那要如何做
决定呢?
这是决策者该
承担的时候了。

天人交战、内心煎熬、无人分担、默默承受。
这是组织托付领导者的必要任务，无人能助。
做任何重大决策时，有什么原则可循呢？
四大原则，务必把握。

第一原则?
“回到最基本的问题上。”
回到问题的本质。
找到问题的核心。
从根本出发,由源头开始。
你们说的是。

第二原则?
最广泛
以全局观视之。
以超系统观视之。
如此宏观、
如此壮阔。

最长远
第三原则是“最长远”。
最长期的思维。
五十年、百年的思考。
日本的重大公共工程都是以两百年使用年限来规划。

第四原则是“最高层次”。
第四原则是“最高层次”。
站在制高点俯视。
从全球的高度、层次衡量。
以宇宙的层次看问题。

经由不同的维度思考所做的重大决策必是接近真正所需的边界条件。
什么是边界条件?
要自问自答三件事。

第一件事?
决策第一件事要自问："要达成的目的是什么？"
决 策
第二件事是什么?
"至少要达成什么目标？"
目 标

第三件事是
什么呢?
要满足什么
条件?
不明白什么
是满足条件。
亦即满足问题
的条件是什么。
以为了满足顾
客所需的条件
作为界定。
例如，创造顾客
而不是创造利润
的误区。

组织运作不能只依赖天才

第七项："组织不能
只依赖天才来运作。"
何谓天才呢？
意指在某个领域
具有天分的人士。
像列奥纳多·达·
芬奇这样天才中的
天才又怎么说呢？
他最突出的伟大成
就也只是绘画一项。

组织的强人又
怎么解释呢?
强人之所以为强人，乃是急欲
证明自己是个“强人”。
少了自信，
却多了自大。

强人认为组织需要他，要比他需要组织来得多。
为了实现自己心中那伟大的使命，有什么不对呢？
为此，除掉眼中钉、宠爱心腹，导致为所欲为。

遇上这位强人
该怎么办呢？
只能寄望他“心
肌梗死”或“心
脏衰竭”。
再不然来一
场“政变”。
“政变”只会带来
恶性循环，走上衰
亡的不归路。

既不能寄望天才，
也不能仰赖强人，
那该怎么办？
只能让一群平凡人做出不平凡的事业来。
才有普遍性、前瞻性。
能否激发个人长处，才能展现出非凡的绩效之关键。

除此之外呢?
还要仰赖“组织精神”建造优质的环境和企业文化。
“组织精神”是啥东西呢?
是以公司共同的价值观贯穿使命的一项文化。

是以共同的价值观贯穿用人与顾客取舍的标准吗？
你说的比我精准。
感谢老师的教诲和指导。
感谢老师的教诲和指导。

良好的组织精神，能让每个人的长处有充分发挥的平台。
也是建造高绩效团队的主要原因。
然而透过“目标管理与自我控制”是实现组织精神的有效工具。
概念清晰。

若能养成七项心智的系统经营该有多棒呢！
老师，究竟要怎么做才会有效呢？
因人而异，如何成为“对的人”为首要任务。

找出自己的长才，放在对的位置上，做对的事。
更为重要的，聚焦顾客、创造顾客且满足顾客。
以“顾客”为核心的动态系统思考。
以“贡献”的共同价值观行动。
完全正确！
这是个人或组织必备的有效经营系统。

感谢老师对“系统”概念的厘清。
呵呵。
深受启迪，感受良深，只有实践回报恩师。
原来可以这样经营自己，让我茅塞顿开。

《杜老师的系统经营》字字珠玑、充满智慧。既有形而上的哲学思想，又有形而下的具体作法，实是一本改变生命，体现生命的经营智慧之书。他们感同生命再造，备受激励，一心一意专注工作，重视贡献，成为了具有价值又有意义的知识员工，以此回报恩师的谆谆教导。

图书在版编目（CIP）数据

杜老师的系统经营/詹文明 著. —北京：东方出版社，2013.9

ISBN 978-7-5060-6873-4

Ⅰ.①杜… Ⅱ.①詹… Ⅲ.①经营管理-通俗读物 Ⅳ.①F270-49

中国版本图书馆 CIP 数据核字（2013）第 226966 号

杜老师的系统经营（DULAOSHI DE XITONG JINGYING）

作　　者：詹文明
责任编辑：崔雁行　乔　俏
出　　版：东方出版社
发　　行：人民东方出版传媒有限公司
地　　址：北京市东城区朝阳门内大街 166 号
邮政编码：100706
印　　刷：北京京都六环印刷厂
版　　次：2014 年 1 月第 1 版
印　　次：2014 年 1 月第 1 次印刷
印　　数：1—5 000 册
开　　本：787 毫米×1194 毫米　1/32
印　　张：7.25
字　　数：146 千字
书　　号：ISBN 978-7-5060-6873-4
定　　价：36.00 元
发行电话：（010）65210056　65210060　65210062　65210063